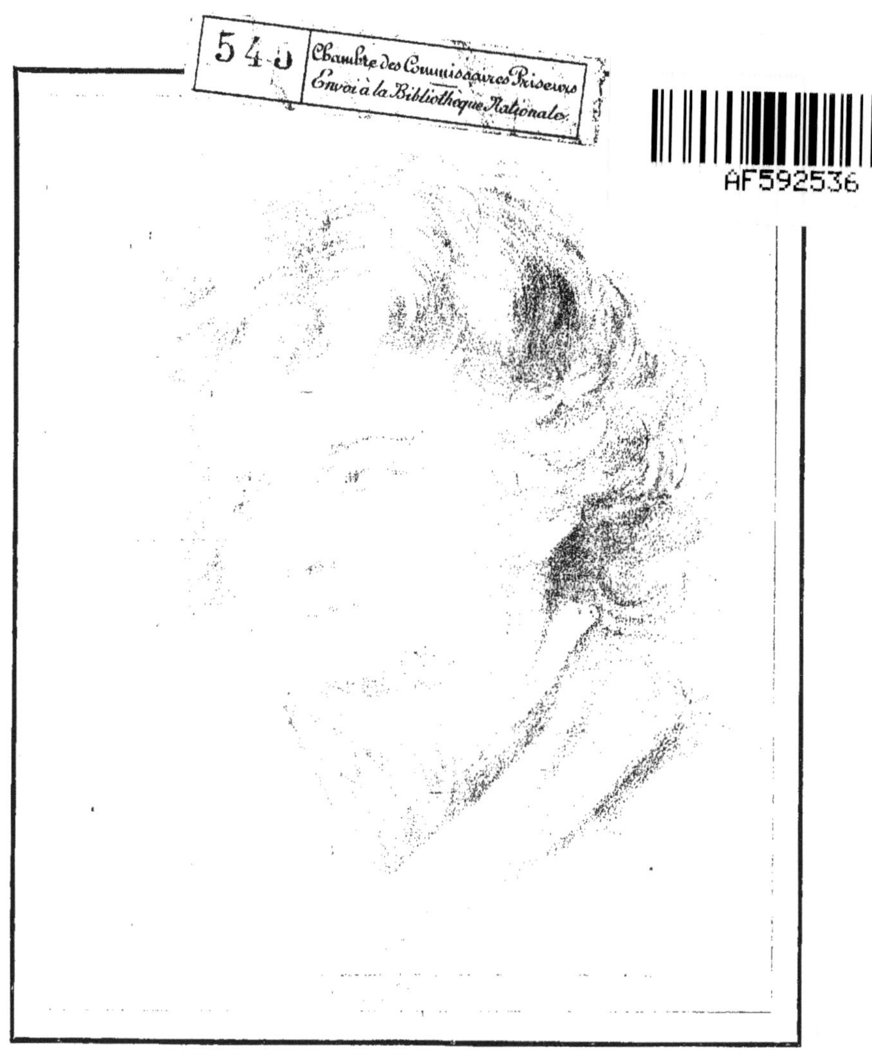

(Numéro 21 du Catalogue)

Dessins et Estampes

Le Mercredi 29 Mai 1901, à 2 heures

HOTEL DROUOT, SALLE N° 9

Me Maurice **DELESTRE** M. Loys **DELTEIL**

DESSINS

ANCIENS ET MODERNES

ESTAMPES DE DIVERSES ECOLES

DESSINS ET GRAVURES EN LOTS

Dont la vente aura lieu à Paris

HOTEL DROUOT, Salle N° 8

Le Mercredi 29 Mai 1901, à 2 heures.

Me MAURICE DELESTRE
COMMISSAIRE-PRISEUR
5, Rue St-Georges

M. LOYS DELTEIL
ARTISTE-GRAVEUR, EXPERT
6bis, Rue Ste-Anne

CONDITIONS DE LA VENTE

Elle sera faite au comptant.

Les acquéreurs paieront *dix pour cent* en sus des adjudications.

M. Loys Delteil remplira les commissions que voudront bien lui confier les personnes ne pouvant y assister; il se réserve en outre la faculté d diviser ou de rassembler les numéros.

MM. les amateurs pourront visiter la collection *Rue Sainte-Anne, 67, les Lundi 27 et Mardi 28 Mai de 10 h. à 3 heures.*

N. B. — En raison du nombre des œuvres encadrées l'ordre numérique ne sera pas suivi.

CATALOGUE

DESSINS

Andrieux (A.)

1. Un Hussard. Beau dessin au crayon noir avec rehauts de blanc. Signé et daté : 1850.

Armand-Dumarescq (Ed.)

2. Le Comte de Langeron, qui servit comme officier dans la guerre de l'Indépendance de l'Amérique. A la mine de plomb.

Audy (J.)

3. La Promenade au Bois de Boulogne, 1859. Aquarelle in-fol, rehaussée de gouache.

Berny (Le Chevalier de)

4. Marie-Antoinette, Reine de France. Dessin à la plume, calligraphique, signé.

Boilly (attribué à L.)

5. Portrait d'Enfant, en buste. Beau dessin aux trois crayons. Encadré.

Boilly (Jules)

6. Portrait d'officier — Portrait de jeune garçon. Deux dessins signés et datés : 1833. Au crayon noir, avec rehauts de couleur.

Bouchardon (Edme)

7. Le Joueur de Vielle. A la sanguine. Encadré.

Charlet (d'après N. T.)

8. Le Peintre trinquant avec son modèle (ce sujet a été lithographié par Charlet). Peinture à l'huile. Encadrée.

Chassériau (Théodore)

9. Une jeune Femme et un enfant dans un paysage. A la mine de plomb, lavé d'encre de chine, rehauts de blanc.

Cicéri (Eugène)

10. Plateau du Dormoir de Marlotte. In-fol. Signé : *Eug. Cicéri* 50. Au crayon noir, avec rehauts de blanc.

Coypel (Antoine)

11. Etude de Satyre. Au crayon noir.

Crapelet (Louis-Amable)

12. Une Mosquée au Caire. Aquarelle. Signée et datée : 25 juillet 1853. Encadrée.

Decamps (attribué à)

13. Etudes de Sangliers. In-fol. Au crayon noir.

Devéria (Achille)

14. La Jeune Mère. A la sépia.

Divers

15. Paysages. Trois dessins lavés de sépia.

Ecole Allemande (XVIe siècle)

16. Portrait d'homme, à mi-jambes, tenant un bâton de commandement. A la plume, lavé d'encre de chine. Encadré.

Ecole ancienne

17. Satyre et Bacchante — Tête de vieillard — Paysages. Six dessins.
18. La Présentation au Temple — La Cène — Sujets religieux. Sept dessins par ou attribués à Hemskerk, le Baroche, etc.
19. Sujets religieux — Allégories. Sept dessins.
20. Sujets religieux et allégoriques — Paysage. Treize dessins par ou attribués à C. d'Arezzo, F. Mola, J. Heinz, R. Vani. etc.

Ecole Française (XVIIIe siècle)

21. Buste grandeur nature d'un jeune garçon, tourné de trois quarts à gauche. Joli dessin au crayon brun Encadré.
22. Portrait de Femme, en buste, à perruque poudrée. Grand dessin aux trois crayons. Encadré.
23. Jeune femme en buste, tournée de profil à gauche, dans un encadrement orné de roses et de lauriers. A la plume et à l'encre de chine avec rehauts d'aquarelle. Encadré.
24. Tête de jeune Femme, en buste. — Le Passage du gué (signé : J. B. Huet). Deux dessins, le second lavé d'aquarelle.
25. Moïse apparaît à un Philosophe du XVIIIe siècle. In-fol. A la plume, lavé de bistre.
26. Paysage, dans le goût d'Ant. Watteau. Contre-épreuve d'une sanguine. Encadrée.

Ecole Française (XIXe siècle)

27. Portrait de femme (Mme Campan) ? Crayon noir rehaussé de pastel. Encadré.
28. Etudes de petits Savoyards. Deux beaux dessins au crayon noir, rehaussés de pastel. Encadrés.
29. Costumes militaires du 2e Empire. Six dessins in-fol. Au crayon noir, sanguine ou lavis.
30. La Guillotine brûlée au pied de la statue de Voltaire (en 1871). Au lavis d'encre de chine. Encadré.
31. Sujets divers Paysages. Vingt dessins par Desjobert, Thiollet, Toché, etc.

Ecole Hollandaise (XVIIe siècle)

32. Un alchimiste. A la plume, lavé d'encre de chine.
33. Etude de vieille Femme assise, lisant. Au crayon noir sur papier brun. Encadré.

Fantin-Latour (Henri)

34. Portrait en pied de jeune Femme, assise. A la mine de plomb avec rehauts de plume et d'encre de chine. Signé : *Fantin 82*.

Flers (Camille)

35. Cour de Ferme à Grandillery, 1846. Au crayon noir. Signé.
36. — Un Coin de Village. Au crayon noir. Signé.

Galien-Laloue (E.)

37. Le Moulin de Champigny, 1885. Importante gouache Signée. Encadrée.

Gavarni

38. Etude de jeune Femme — Croquis d'Homme. — Vieille femme. Trois croquis à la mine de plomb ou au crayon noir.

Grévin (A.)

38 *bis*. Costumes de Théâtre et croquis divers. Vingt-neuf croquis. Ce n° pourra être divisé.

Guerchin (attribué au)

39. Mars, Vénus et l'Amour. In-fol. A la plume.

Guérin (attribuée à Pierre-Narcisse)

40. Portrait de Femme, représentée à mi-corps, assise, et tournée vers la gauche. A la mine de plomb. Encadré.

Guys (Constantin)

41. Une Fille. A l'encre de Chine. Encadré.
41 *bis*. Horizontales. Deux dessins à la plume et lavis.
42. En Promenade. A l'encre de Chine. Encadré.
42 *bis*. Etat-Major assistant à une revue. Trois croquis.
43. Une Victoria. A l'encre de chine. Encadré.
43 *bis*. Au Bois — Cavaliers. Cinq croquis.

Hennequin (Philippe-Auguste)

44. Compositions mythologiques. Deux importants dessins à la plume, lavés de bistre.

Johannot (attribué à Tony)

45. Scène de Roman (Manon Lescaut) ? A la sépia, avec rehauts d'aquarelle.

Juliard (Nicolas-Jacques)

46. Paysage de forme ovale. A la plume, lavé d'aquarelle. Encadré.

Kitao Keisaï Massayoshi

47. Figures diverses. Un album renfermant quatorze feuilles comprenant un grand nombre de croquis, rehaussés d'aquarelle.

Kriehuber

48. Mlle Grisi, du Théâtre Italien. Jolie aquarelle finement exécutée. Signée : *Kriehuber 843* (1843). Encadrée.

Kuyper (D.)

49. Paysage orné de figures. Grand dessin au lavis d'encre de chine, signé et daté : 1775.

Lemire (Ant. Sauvage, dit)

50. Portrait de jeune Femme, en buste, tournée de trois quarts à droite. Grand dessin exécuté au crayon noir. Encadré.

Lepoittevin (Eugène)

51. Famille de pêcheur. Importante aquarelle, avec rehauts de gouache. Signée du monogramme : E. P. L. Encadrée.

Lunel et Balluriau

52. Les Danseuses javanaises à l'Exposition — Tu reviens de l'Exposition... Ce pauv'monsieur Mouton. Trois dessins à la pl. rehaussés de bleu. Signés.

Lusurier (Catherine)?

53. Jeune femme en buste, tournée de trois quarts à gauche, coiffée d'un bonnet. Grand dessin au crayon noir, avec rehauts de blanc. Encadré.

Mangeant

54. Portrait de l'artiste, par lui-même, représenté en buste, de grandeur nature. Pastel. Encadré. Au dos, se lit l'inscription suivante : *Peint par M. Mangeant peintre de Lacademie royalle de Paris 1748 à l'Age de 29 ans... né le 13 juillet 1719.*

Massard (Léopold).

55. Portraits de Personnages célèbres, d'apr. les peintures du Musée de Versailles. Dix dessins à la mine de plomb.

Miniatures

56. Le Christ ressuscitant. Importante miniature du XVe siècle (?) sur fond d'or.
57. Scènes mystique — Lettres ornées. Trois miniatures sur fond d'or.
58. Seance des ducs et pairs seans avec le Roy Philippe VI de Valois, en la ville d'Amiens... Dessin à la plume, avec rehauts d'aquarelle, du XVIIe siècle, d'apr. une miniature de l'Epoque (?)

Millet (J. F.)

59. Portraits d'Homme, en buste, tourné de profil à droite. Beau croquis au crayon noir, portant les initiales-timbre de la vente de l'atelier du maître. Encadré.

Monnier (Henry)

60. Portrait d'Homme. Signé et daté. A la mine de plomb.

Numa

61. Une Madeleine. Aquarelle. Signée, sous verre.

Osbert (A.)

61 *bis*. Nocturne. — Au crayon. Avec dédicace. Signé.

Pater (attribué à Jean-Baptiste)

62. Etude de Chasseur. Contre-épreuve d'un joli croquis à la sanguine. Encadré.

Picart (Bernard)

63. Scènes de l'Histoire des Peuples de l'Orient. Trois jolis dessins à la plume lavés d'encre de chine ou de sépia.

Prud'hon (Ecole de P. P.)

64. Tête de Jeune Homme. Au crayon noir sur papier bleu, avec rehauts de blanc. Encadré.

Rademaker (A.)

65. Paysage de grande étendue. Jolie gouache, signée. Encadrée.

Robert (Hubert)

66. Attelages de bœufs au repos sur la Place du Capitole ? à Rome. Contre-épreuve d'un joli croquis à la sanguine. Encadré.

Rubens (d'après P. P.)

67. Sainte-Anne instruisant la Vierge — La Descente de Croix. Deux peintures à l'huile. Encadrées.

Saftleven (Hermann)

68. Grand site montagneux orné de figures. Belle et importante gouache signée du monogramme. S L suivi de la date 16.... Encadrée.

Valckenburg (Lucas van)

69. Paysage orné de figures. Belle et importante gouache signée L 1577. Encadrée.
VV

Vincent (François-André)

70. Portrait d'un Peintre, représenté en pied, assis, tenant une palette dans sa main gauche. Important dessin au crayon noir. Encadré.
71. Portrait d'Homme, en pied, accoudé à une cheminée. Important dessin au crayon noir. Signé : *à Mlle Capet, Vincent 1815.*

Wattier (Emile)?

72. Un Souper sous la Régence. Grande composition dans le goût du XVIIIe siècle. A la sanguine. Encadré.

Winterhalter (attribué à F.)

73. Portrait de l'Impératrice Eugénie, coiffée d'un chapeau de paille. Aquarelle. Encadrée.

Zuccharo (Frédéric)

74. Etudes de Figures. Deux beaux dessins au crayon, rehaussés de sanguine ou de bistre ; croquis au verso. Collections P. Lely, Richandson et Hérédia.

ESTAMPES

Adam (Victor)

75. Fêtes des Environs de Paris : Saint-Germain (Foire aux Loges) — La Villette (Joutes sur l'eau) — Chatenay — Montmorency (La Poste aux Anes) Auteuil. Cinq lith. in-4. B. ép.

Adresse

76. *Spectators at a Print-shop in St-Paul's Chunch yard*, (adresse de Bowles et Carvar). In-fol. B. ép.

Aubry et Defraine (d'après)

77. L'Acte d'Humanité — La Reconnaissance de Fonrose. Deux p. in-fol., par N. De Launay, faisant pendants. B. ép., m.

Bakhuizen (Ludolf)

78. Portrait de Bakhuizen par lui-même et Marines. (B. 1 à 10 et 13). Suite de onze p. et un titre gravé. Tr b. ép. à t. m.

Beisson (Etienne)

79. Mirabeau, d'apr. J. Boze. In-fol. B. ép. m.

Benazech

80. Le Couronnement de la Rosière — Le Prix de l'Agriculture. Deux p. in-fol., imp. en couleurs, faisant pendants. B. ép. Encadrées.

Bervic (Ch. Clément)

81. Sénac de Meilhan (Gabr.), d'apr. J. S. Duplessis, 1783. In-fol. Tr. b. ép. avant l. l., gr. m.

Bigg (d'après W. R.)

82. Le Retour du jeune Matelot, par Duthé. In-fol. B. ép. imp. en couleurs. Encadrée.

Boilly (L.)

83. Réjouissance publique 1826. In-fol. Tr. b. ép., coloriée, gr. m.
84. Le Jeu de Billard. In-fol. B. ép., coloriée, m.
85. Le Jeu de l'Ecarté. In-fol. B. ép., coloriée, m.

Boilly (d'après L.)

86. La Douce résistance, par S. Tresca. Tr. b. ép., coloriée. Encadrée.
87. La Jardinière. Ovale in-8. Tr. b. ép. imp., en couleurs. Encadrée.

Bonnet (L. M.)

88. Vénus au Bain, d'apr. Beaufort. Petit in-fol. B. ép. imp. en couleurs, m.
89. Le Déjeuné, d'ap. J. B. Huet. Tr. b. ép. imp. en couleurs, s. m. Encadrée.
90. Les Enfants chéris, d'apr. Lagrenée le jeune. B. ép. imp. en couleurs. Encadrée.

Boucher-Desnoyers

91. La Nymphe amoureuse. In-fol. B. ép. avant t. l.

J. F. MILLET

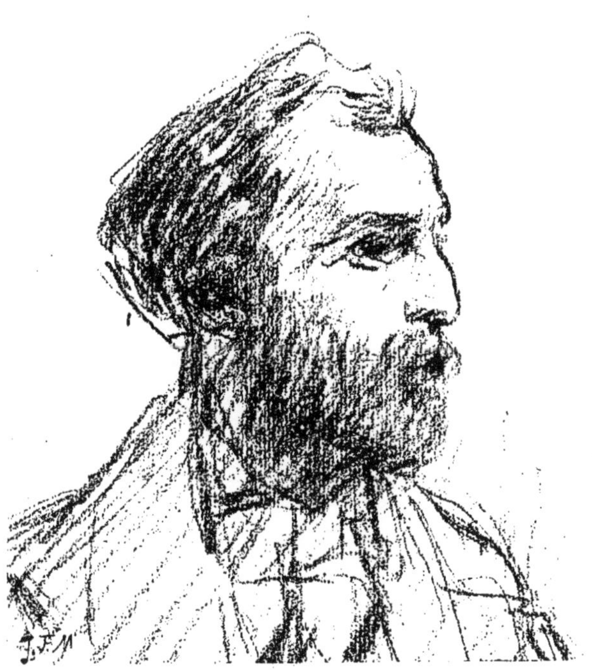

Portrait d'homme

(Numéro 59 du Catalogue)

Chereau et Wille

92. De Launay (N.) — Saint-Florentin (Comte de) — Marie-Thérèse d'Espagne. Dauphine de France. Trois p.

Chevillet (Juste)

93. La Jeune Angloise touchant le Piano-forte, d'apr. Baader. Tr. b. ép. Encadrée.

Clerget (Hubert)

94 Le Mur des Fédérés au Père-Lachaise. Tr. b. ép. d'*artiste* sur chine, avec dédicace. Rare.

Cochin fils (Ch. Nic.)

95. Décoration du Bal masqué donné à Versailles par le mariage de Louis, Dauphin de France, 25 fév. 1745. Gr. in-fol. Tr. b. ép. m.

Costumes

96. Régiments écossais — Anglais et Ecossais — Rencontte d'Anglais à la Promenade — Costumes Anglais. Huit p. par Alix et A. Garnerey. B. ép , coloriées.

Dean (J.)

97. *Four Children*, d'apr. Rubens. In-fol., 1783. B. ép. doublée.

Demarteau (G.)

98. Les Blanchisseuses, d'apr. F. Boucher. In-fol. B. ép. imp. en sanguine.

Dentistes (Estampes sur les)

99. *The Country Tooth Drawer — The Town Tooth Drawer*. Deux p. in-fol., publiées par Bowles et Carver. B. ép. m.

Derosier (d'après)

100. Le Déjeuner du Modèle, par Sombret. In-4. B. ép. imp. en couleurs, m. Rare.

Descourtis (C. M.)

101. Histoire de Paul et Virginie. Trois p. in-fol., d'apr. Schall. B. ép. imp. en couleurs. Encadrées.

Divers

102. Napoléon Ier blessé devant Ratisbonne — Arrestation de Manuel. Deux lith. in-fol. Tr. b. ép. Encadrées.

Dixon (John)

103. *M. Garrik in the Character of Abel Drugger, M. Burton and M. Palmer*..., d'apr. Zoffany, 1771. In-fol. B. ép.

Drevet (Pierre)

104. Boileau-Despréaux (Nic.), d'apr. H. Rigaud (D. 24). B. ép.

Drevet et **Masson**

105. Brisacier (G. de) — Marquise de Brandebourg — Rigaud (H.). d'apr. lui-même. Trois p. in-fol.

Dugoure (d'après)

106. Achève ton ouvrage, par Elluin. In-fol. B. ép. m.

Eaux-fortes modernes

107. Sujets divers et Paysages. Dix p. par Bonvin, Ribot, Hector Allemand. L. Artan. B. ép.

Ecole ancienne

108. Sujets divers et Paysages. Vingt p. par Callot, Ruysdaël. B. Picart et autres. B. ép.

Ecoles Française et Anglaise

109. A Saint Giles's Beauty — Bustes de Femmes. Trois p. in-4. B. ép. imp. en couleurs ou coloriées.
110 Tête de Femme — Jupiter et Danaé. Trois p. par Bonnet. Cazenave et Tresca, imp. en couleurs.
111. Le Bouquet accepté, par Auberti, d'apr. Le Roi — L'Innocence reçoit de l'Amour... par Wolff, d'apr. Huet — Buste de Jeune Fille. par Bonnet, avant t. l. — Le Marchand d'Orviétan, par Bonnet. Quatre p., trois imp. en couleurs.
112. Sous ce nº il sera vendu en plusieurs lots onze pièces des Ecoles Française et Anglaise du XVIIIe siècle, encadrées.

Eisen (d'après Ch.)

113. La Vertu sous la garde de la Fidélité, par Le Beau. Bonne ép. avant l. l.

Ex-libris

114. Ex-libris anciens et modernes. Cent p.

Fragonard (d'près H.)

115. Le chiffre d'Amour, par N. De Launay. In-fol. Tr. b. ép. à t. m.

Freudeberg (d'après S.)

116. La Visite inattendue, par Voyez l'aîné 1774. B. ép.

Harper (T.) et Harlow (d'après)

117. *The Miniature — The Proposal*. Deux p. in-fol... par G. Maile et H. Meyer, 1819-1822, faisant pendants. B. ép., m. Rares.

Huet (J. B.)

118. Le Pissenlis Sauvage — La Sensitive. Deux p. in-fol faisant pendants. Tr. b. ép. m.

Janinet (J. F.)

119 Le Culte systématique, d'apr. Ph. Caresme. B. ép. imp. en couleurs, avant t. l., m.

120. Foire hollandaise, d'apr. A. van Ostade. 1779. In-fol. B. ép. imp. en couleurs, m. (doublée).

Jazet (J. P. M.)

121. Le Duc d'Orléans (Louis-Philippe 1er) passant en revue le 1er Régiment de Hussards, d'apr. H. Vernet. Gr. in-fol. Tr. b. ép. m.

Lancret (d'après N.)

122. Les deux Amis, par N. De Larmessin. In-fol. Tr. b. ép.

Lavreince et **Moreau** (d'après)

123. *The Green Plot — The Grove*. Deux p. faisant pendants. B. ép. rognées à l'ovale.

Le Grand (Aug.)

124. Le Bonjour — La Prière. Deux p., d'apr. Julia Couyers, faisant pendants. B. ép. imp. en couleurs. Encadrées.

Le Prince (d'après J. B.)

125. Le Marchand de lunettes — Le Médecin clair-voyant. Deux p. in-fol. par Helman, faisant pendants. B. ép. Encadrées.

Monnier (Henry)

126. Mœurs Administratives. Douze p., coloriées, s. m.

Moreau le jeune (d'après J. M.)

127. Les Petits Parrains, par Baquoy et Patas. B. ép. à gr. m.

128. La grande Toilette, par Romanet. B. ép.

Napoléon Ier (Estampes relatives à)

129. *The Funeral Procession of Bonaparte* d'apr. le Capitaine Marryat, 1821. In-fol. B. ép., coloriée. Rare.
130. *Grand Entry of the Allied Sovereings into Leipsic*, 1813 — *Precipitate Flight of the French trough Leipsic*... Deux p. in-fot., publiées à Londres. par R. Bowyer, 1816. Epr. coloriée.
131. *Ceremony of Te Deum by the Allied Armies on the Square of Louis XV, at Paris*. In-fol., publ. par R. Bowyer 1816. Epr. coloriée.
132. Les Violettes, silhouettant les profils de Napoléon Ier et sa Famille. In-4. Tr. b. ép., coloriée.
133. Caricatures anglaises contre Napoléon Ier. Neuf p. par J. Gillray. Tr. b. ép., cinq coloriées.

Ornements

134. Ornements divers. Seize p. par Du Cerceau, Monti, Della Bella. B. ép.

Portraits

135. Canning (G.), par W. Ward, d'ap. Stewardson — Ecchum Sang Lum Akao, par J. Grozer — F. L. Wilhelmine de Prusse, par Bolomey. Trois p. Ep. anc. à gr. m.
136. Cosel (A. de Brocksdorf, Comtesse de), par S. Vallée, d'apr. De Troy — Le Clerc (Séb.), par N. De Launay, avant la l. — Collin de Vermont, par Carmona. Trois p. in-fol. B. ép.
137. Portraits divers. Quarante p. par Sadeler, R. Boissard, Goltzius et autres. B. ép.
138. Portraits divers. Vingt-trois p., la plupart anciens. B. ép.

Prestel (J. E.)

139. Le Chargement de Charbon, paysage. Gr. in-fol. B. ép. imp., en couleurs, s. m. Encadrée.

Regnault (N. F.)

140. *Ah, S'il S'éveillait! — Dors, dors...* Deux p. in-fol. faisant pendants. Epr. anc.

Reynolds (d'après Sir Joshua)

141. Ancaster (Mary Duchesse d'), par R. Houston, 1756. B. ép.
142. Miss Meyer en Hébé, par Jacobé, 1780. Gr. in-fol. Encadrée.

Rordorf (C.)

143. Vue prise de l'hôtel de l'Epée à Zurich, d'apr. Bram. In-fol. Tr. b. ép. imp. en couleurs, gr. m.

Schenau (d'après J. E.)

144. La Brouette par terre — Le Chariot renversé. Deux p. par C. N. Varin, faisant pendants. B. ép. m.

Sicardi (d'après)

145. Oh, che Fortuna! par Bouquet. Ovale in-fol. Tr. b. ép. imp. en couleurs, gr. m.

Vanloo (d'après L. M.)

146. Louis XV, roi de France — Marie Leczinska, reine de France. Deux p. in-fol., par G. E. Petit et J. Chereau, faisant pendants. B. ép. m.

Wheatley (d'après F.)

147. *The Fisherman going out — The Fisherman return.* Deux p. in-fol., par J. Barney, faisant pendants. Tr. b. ép. imp., en couleurs. Encadrées.
148 Sous ce n° il sera vendu environ cinq cents dessins.
149 Sous ce n° il sera vendu par lots environ 3000 estampes anciennes et modernes.

SUPPLÉMENT

Affiches

150. Affiches du Salon des Cent, par G. Noury, H. Boutet, Roullet, Cazals, Ibels, Berthon Vingt affiches en *épreuves d'artiste*, y compris plusieurs maquettes.

Bonington (R. P.) et **Isabey** (Eug.)

151. Façade de l'Eglise de Brou — Rue des faubourgs de Besançon — Donjon du Château de Polignac — Eglise Saint-Jean à Thiers. Quatre p. sur chine.

Charlet (N. T.)

152. Scènes militaires et de genre. Soixante-cinq p. B. ép.

Géricault (J. L. Th.)

153. Chevaux. Vingt lithographies, plusieurs sur chine.

Jacque (Charles)

154. Les Faux-monnoyeurs. Pointe-sèche. B. ép.

Ponce (Nicolas)

155. Les Illustres Français : J. J. Rousseau — Voltaire. — Molière — Mme Deshoulières — Mirabeau, etc. Quarante-trois p. B. ép.

Raffet (Aug.)

156. Retraite de Constantine, 1 pl. — Sujets divers — Costumes. Neuf p.

157. Sous ce nº il sera vendu un lot de cent-quinze eaux-fortes modernes et lithographies, par Rouvin, Chaplin, C. Nanteuil, Mouilleron, Isabey et autres.

158. Sous ce nº il sera vendu environ 200 eaux-fortes ou lithographies, par divers artistes.

ANDRÉ MARTY, IMP.
25, RUE LOUIS-LE-GRAND
PARIS

www.ingramcontent.com/pod-product-compliance
Ingram Content Group UK Ltd.
Pitfield, Milton Keynes, MK11 3LW, UK
UKHW020540180726
13839UKWH00006B/2621

9 782329 5000